*J'ai reçu Jésus*

# Mon livre de prières

Direction : Guillaume Arnaud
Direction éditoriale : Sarah Malherbe, Sophie Cluzel
Édition : Servane Bayle
Direction artistique : Élisabeth Hebert, assistée d'Amélie Hosteing
Fabrication : Thierry Dubus, Marie Cheneval, Audrey Bord


Site : www.mameeditions.com
ISBN : 978-2-7289-1701-3
MDS : 531 253

# *J'ai reçu Jésus*
# Mon livre de prières

Texte de Gaëlle Tertrais
Illustrations de Marie Flusin

MAME

# Sommaire

## Prières pour tous les jours



## Prières pour aimer Jésus

# La prière, un cœur-à-cœur avec Dieu

# Pourquoi prier ?

## Un cœur-à-cœur avec Dieu

La prière, c'est un tête-à-tête, ou plutôt un cœur-à-cœur avec Dieu. Être avec lui, lui parler et l'écouter. Nous pouvons tout lui dire : nos joies, nos peines, notre amour, notre reconnaissance, notre confiance et même notre colère ou nos incompréhensions. N'aie pas peur. Dieu te regarde avec bonté. Il t'aime comme tu es et se réjouit de ta présence.

Nous avons tous besoin de prier, et de prier tous les jours. Nous prenons soin de notre corps et le nourrissons chaque jour ; de même, notre âme a besoin de la prière pour être nourrie, soignée, réconfortée, encouragée.

## Pour Dieu, pour toi et pour les autres

Ta prière sert d'abord à dire à Dieu ton amour. Comme tu dis à ton papa ou à ta maman que tu l'aimes, dis-le à Dieu qui est ton Père du ciel.

Ta prière prépare aussi ton cœur à recevoir tous les cadeaux que Dieu veut y déposer : joie, paix, patience, bonté, confiance, force, consolation...

Ta prière porte enfin les autres quand tu pries pour des intentions particulières : des malades, ta famille, ton pays, les prêtres... Dieu écoute les prières qui montent vers lui d'un cœur confiant qui cherche le bien.

# Où prier ?

## À l'église... ou dans ta chambre

Les chrétiens forment une grande famille et ont besoin de se retrouver à l'église. Pendant la messe, nous prions ensemble, nous nous fortifions dans la foi et notre joie grandit.

Chacune de nos familles est aussi une petite Église. En priant en famille, nous disons ensemble notre amour à Jésus et cela nous unit. C'est aussi l'occasion de se demander pardon. Cela fait grandir l'amour entre nous.

Et quand tu veux être seul avec Dieu, retire-toi dans ta chambre pour prier. C'est comme un rendez-vous avec un ami. Les amis aiment se voir souvent et se confier toutes leurs joies, leurs peines, leurs secrets. Pour être ami de Dieu, essaie d'être fidèle à ce rendez-vous chaque jour.

## Faire un coin prière

Aménage dans ta chambre un coin prière. Choisis un endroit dégagé et pas trop haut, sur une étagère basse ou sur ta table de nuit, par exemple. Dispose dessus :

- une croix,
- une bougie bien stable,
- une statuette ou une icône de la Vierge Marie,
- ton livre de prières,
- un chapelet,
- une image de ton saint patron, d'un saint que tu aimes bien ou de ton ange gardien.

Tu peux aussi mettre un bouquet de fleurs que tu changeras régulièrement.

# Comment prier ?

## À genoux ou assis...

On prie avec tout son corps. Les gestes de la prière (se mettre à genoux, s'incliner, joindre les mains...) aident le cœur à se mettre en prière. Choisis une position qui t'aide à te mettre en présence de Dieu. Cela peut être agenouillé, droit sur tes genoux ou assis sur tes talons. Tu peux aussi t'asseoir par terre ou sur une chaise. Si tes doigts bougent sans cesse, joins les mains devant toi. Une bonne attitude t'amène au calme et au recueillement.

## Quelques conseils pour prier

- Ferme les yeux. Ainsi, tu n'es plus distrait par ce qui t'entoure. Garde le silence. Dieu se fait entendre dans le silence.

- Fais un beau et lent signe de croix.

- Commence par une petite phrase : « Me voici, Seigneur », « Seigneur, je t'ouvre mon cœur », « Jésus, je t'aime et je t'adore »...

- Lis une prière de ce livre ou chante un chant de louange.

- Dis librement à Dieu ce que tu as dans le cœur.

- Tu peux te confier à la Vierge Marie en récitant un *Je vous salue, Marie*.

- Termine par un beau signe de croix.

# Les différentes prières

## La prière de louange : « merci »

Louer Dieu, c'est le remercier pour ce qu'il est, pour sa bonté, sa puissance, son amour, pour tout ce qu'il fait pour nous. La louange nous fait regarder vers Dieu, elle nous ouvre le cœur et nous met dans la joie.

## La prière d'adoration : « je t'aime »

L'adoration est une prière plus profonde. On adore Jésus présent dans le Saint-Sacrement, c'est-à-dire l'hostie exposée dans un grand ostensoir. Jésus est présent dans cette hostie consacrée, comme à la communion. Tu peux le regarder longtemps, avec amour. C'est cela adorer.

## La demande de pardon : « pardon »

Comme nous sommes pécheurs, nous avons besoin d'être pardonnés. Avant de te coucher, prends la bonne habitude de faire ton « examen de conscience ». Ce petit exercice consiste à repasser sa journée dans sa tête pour revoir les occasions où l'on a fait du mal, et à en demander pardon à Dieu. Cela ne remplace pas la confession qui est un sacrement donné par le prêtre, mais ce pardon du soir aide à avancer dans la vie chrétienne.

## La prière de demande : « s'il te plaît »

Dans ta prière, n'hésite pas à demander à Dieu des grâces, de bonnes choses pour toi et pour les autres ; à condition de ne pas confondre cette prière de demande avec une liste de réclamations. Dieu ne nous donne pas tout ce que nous lui réclamons. Mais il nous donne ce qui est bon pour nous. Et la meilleure chose qu'il puisse nous donner, c'est son Esprit Saint.

## Les neuvaines

Une neuvaine est une prière que l'on dit chaque jour pendant neuf jours. Elle s'adresse en général à un saint ou à Marie à qui l'on demande d'intercéder pour nous auprès de Dieu pour une intention importante.

## Les prières sont-elles toujours exaucées ?

Jésus a dit : « Demandez et l'on vous donnera. » Il nous dit d'avoir confiance. Pourtant, il peut arriver que notre prière ne soit pas exaucée, ou pas comme nous le souhaitons. Nous pouvons cependant être sûrs que Dieu écoute toutes les prières. Quelle que soit sa réponse, il est toujours présent dans notre histoire et dans notre vie. Et la manière dont Dieu répond à nos prières vise toujours à nous faire grandir dans l'amour.

# Les grandes prières de l'Église

# Notre Père

Notre Père qui es aux cieux,
que ton nom soit sanctifié,
que ton règne vienne,
que ta volonté soit faite
sur la terre comme au ciel.
Donne-nous aujourd'hui
notre pain de ce jour.
Pardonne-nous nos offenses,
comme nous pardonnons aussi
à ceux qui nous ont offensés.
Et ne nous soumets pas à la tentation,
mais délivre-nous du Mal.
Amen.

# Je crois en Dieu

Je crois en Dieu, le Père tout-puissant,
créateur du ciel et de la terre.
Et en Jésus Christ, son Fils unique,
notre Seigneur,
qui a été conçu du Saint-Esprit,
est né de la Vierge Marie,
a souffert sous Ponce Pilate,
a été crucifié, est mort et a été enseveli,
est descendu aux enfers,
le troisième jour est ressuscité des morts,
est monté aux cieux,
est assis à la droite de Dieu
le Père tout-puissant,
d'où il viendra juger les vivants et les morts.

Je crois en l'Esprit Saint,
à la sainte Église catholique,
à la communion des saints,
à la rémission des péchés,
à la résurrection de la chair,
à la vie éternelle.
Amen.

# Gloire à Dieu

Gloire à Dieu, au plus haut des cieux,
Et paix sur la terre aux hommes qu'il aime.
Nous te louons, nous te bénissons,
nous t'adorons.
Nous te glorifions, nous te rendons grâce
pour ton immense gloire.
Seigneur Dieu, Roi du ciel,
Dieu le Père tout-puissant.
Seigneur, Fils unique, Jésus Christ,
Seigneur Dieu, Agneau de Dieu,
le Fils du Père ;
Toi qui enlèves le péché du monde,
prends pitié de nous ;
Toi qui enlèves le péché du monde,
reçois notre prière ;

Toi qui es assis à la droite du Père,
prends pitié de nous.
Car toi seul es saint,
Toi seul es Seigneur,
Toi seul es le Très-Haut :
Jésus Christ, avec le Saint-Esprit,
Dans la gloire de Dieu le Père.
Amen.

# Je vous salue, Marie

Je vous salue, Marie, pleine de grâce.
Le Seigneur est avec vous.
Vous êtes bénie entre toutes les femmes,
et Jésus, le fruit de vos entrailles, est béni.

Sainte Marie, Mère de Dieu,
priez pour nous, pauvres pécheurs,
maintenant et à l'heure de notre mort.
Amen.

# Rosaire

Réciter le rosaire, c'est prier avec Marie pour qu'elle nous aide à contempler son fils Jésus, à le prier et à l'aimer.

Pour réciter le chapelet :

- Commence par le signe de croix, puis le *Je crois en Dieu*.
- Récite un *Notre Père*, puis trois *Je vous salue, Marie* en l'honneur du Père, du Fils et du Saint-Esprit, les trois personnes de la Trinité.
- Dis ensuite : « Gloire au Père, et au Fils, et au Saint-Esprit, comme il était au commencement, maintenant et toujours, et dans les siècles des siècles. Amen. »

Un chapelet se compose de cinq dizaines. Pour chaque dizaine, récite :

- Sur le gros grain, un *Notre Père*.
- Sur chacun des dix petits grains suivants, un *Je vous salue, Marie*.
- Termine par un *Gloire au Père*.

À la fin du chapelet, fais le signe de croix.

À chaque dizaine, tu peux méditer sur un moment de la vie de Jésus. C'est ce que l'on appelle les « mystères ». Il y en a de quatre sortes : les mystères joyeux, lumineux, douloureux et glorieux. On récite un chapelet pour chacun. Un rosaire complet fait donc quatre chapelets. On peut les réciter sur plusieurs jours en disant un chapelet par jour. On peut aussi prendre plus de temps et réciter une dizaine par jour, par exemple.

## Les mystères joyeux

L'Annonciation

Marie rend visite à sa cousine Élisabeth

La naissance de Jésus

Jésus est présenté au Temple

Jésus est retrouvé au Temple

## Les mystères lumineux

Le baptême de Jésus

Les noces de Cana

Jésus annonce le Royaume de Dieu

Jésus est transfiguré

Jésus institue l'Eucharistie

## Les mystères douloureux

La prière de Jésus au jardin des Oliviers
Jésus est flagellé
Jésus est couronné d'épines
Jésus porte sa croix
Jésus meurt sur la croix

## Les mystères glorieux

Jésus est ressuscité
Jésus monte au ciel
Jésus envoie le Saint-Esprit
Marie monte au ciel
Marie est couronnée Reine du ciel

# Angélus

L'ange du Seigneur apporta l'annonce à Marie.
- Et elle conçut du Saint-Esprit.

Je vous salue, Marie...

« Voici la servante du Seigneur.
- Qu'il me soit fait selon ta parole. »

Je vous salue, Marie...

Et le Verbe s'est fait chair.
- Et il a habité parmi nous.

Je vous salue, Marie...

Priez pour nous, sainte Mère de Dieu.
- Afin que nous soyons rendus dignes
des promesses du Christ.

# Magnificat

Mon âme exalte le Seigneur,
exulte mon esprit en Dieu, mon Sauveur !

Il s'est penché sur son humble servante ;
désormais, tous les âges me diront bienheureuse.

Le Puissant fit pour moi des merveilles ;
Saint est son nom !

Son amour s'étend d'âge en âge
sur ceux qui le craignent.

Déployant la force de son bras,
il disperse les superbes.

Il renverse les puissants de leurs trônes,
il élève les humbles.

Il comble de biens les affamés,
renvoie les riches les mains vides.

Il relève Israël, son serviteur,
il se souvient de son amour,

de la promesse faite à nos pères,
en faveur d'Abraham et de sa race, à jamais.

Gloire au Père, et au Fils,
et au Saint-Esprit,
pour les siècles des siècles. Amen.

# Viens, Esprit Créateur

Viens, Esprit Créateur, nous visiter,
Viens éclairer l'âme de tes fils ;
Emplis nos cœurs de grâce et de lumière,
Toi qui créas toute chose avec amour.

Toi le Don, l'envoyé du Dieu Très-Haut,
Tu t'es fait pour nous le Défenseur ;
Tu es l'Amour, le Feu, la source vive,
Force et douceur de la grâce du Seigneur.

Donne-nous les sept dons de ton amour,
Toi le doigt qui œuvres au nom du Père ;
Toi dont il nous promit le règne et la venue,
Toi qui inspires nos langues pour chanter.

Mets en nous ta clarté, embrase-nous,
En nos cœurs, répands l'amour du Père ;
Viens fortifier nos corps dans leur faiblesse,
Et donne-nous ta vigueur éternelle.

Chasse au loin l'ennemi qui nous menace,
Hâte-toi de nous donner la paix ;
Afin que nous marchions sous ta conduite,
Et que nos vies soient lavées de tout péché.

Fais-nous voir le visage du Très-Haut,
Et révèle-nous celui du Fils ;
Et toi l'Esprit commun qui les rassemble,
Viens en nos cœurs, qu'à jamais
nous croyions en toi.

Gloire à Dieu notre Père dans les cieux,
Gloire au Fils qui monte des enfers ;
Gloire à l'Esprit de Force et de Sagesse,
Dans tous les siècles des siècles.
Amen.

# Acte de foi

Mon Dieu, je crois fermement
toutes les vérités que vous m'avez révélées
et que vous nous enseignez
par votre sainte Église,
parce que vous ne pouvez ni vous tromper,
ni nous tromper.

# Acte d'espérance

Mon Dieu, j'espère avec une ferme confiance
que vous me donnerez,
par les mérites de Jésus Christ,
votre grâce en ce monde
et le bonheur éternel dans l'autre,
parce que vous l'avez promis
et que vous tenez toujours vos promesses.

# Acte de charité

Mon Dieu, je vous aime de tout mon cœur
et plus que tout,
parce que vous êtes infiniment bon ;
et j'aime mon prochain comme moi-même
pour l'amour de vous.

# Acte de contrition

Mon Dieu, j'ai un très grand regret
de vous avoir offensé,
parce que vous êtes infiniment bon,
infiniment aimable,
et que le péché vous déplaît.
Je prends la ferme résolution,
avec le secours de votre sainte grâce,
de ne plus vous offenser et de faire pénitence.

# Je confesse à Dieu

Je confesse à Dieu tout-puissant,
je reconnais devant mes frères que j'ai péché
en pensée, en parole, par action et par omission ;
oui, j'ai vraiment péché.

C'est pourquoi je supplie la Vierge Marie,
les anges et tous les saints,
et vous aussi, mes frères,
de prier pour moi le Seigneur notre Dieu.

# Prières pour toute l'année

# Avent

Une espérance naît dans nos cœurs,
Nous attendons notre Sauveur.

Comme une rosée sur la terre,
Jésus va naître de Marie.
Comme une petite lumière,
Jésus vient éclairer la nuit.

Que l'univers chante sa joie,
Car voici venir notre Roi !

Viens, Jésus, viens nous sauver,
Étends ton Royaume de paix.
Viens, Jésus, notre lumière,
Viens illuminer la terre.

# Noël

Noël ! Noël ! Jésus est né !
Venez tous l'adorer.

Il vient à nous très humblement,
Dans un tout petit enfant.

Alléluia ! Chante ma joie !
Le Fils de Dieu nous est donné.

Roi d'amour, Prince de paix,
Jésus, Sauveur du monde entier.

Voici une place dans mon cœur,
Une petite crèche, pour toi, Seigneur.

Viens y déposer ton amour,
Qu'il grandisse en moi chaque jour.

# Épiphanie

L'étoile brille dans la nuit.
Les Rois mages l'ont suivie.
Et devant l'enfant nouveau-né,
Ils sont allés se prosterner.

Comme eux, Jésus, je viens t'adorer.
Roi de gloire, Roi caché.
Lumière qui resplendit,
Plus que l'étoile dans la nuit.

Mes cadeaux pour toi, les voici :
Mon or, ce sont tous mes talents.
Ma prière monte vers toi comme l'encens.
Et la myrrhe douce et réparatrice,
Ce sont tous mes efforts, mes sacrifices.

# Carême

Seigneur, viens transformer mon cœur.
De tous mes péchés,
S'il te plaît, viens le purifier.

Je te donne mes efforts, mes sacrifices,
Mes gestes d'amour et mes sourires.

Seigneur, quand j'ai un cœur de pierre,
Transforme-le en cœur de chair.

Tu entends mon humble prière,
Toi qui m'aimes comme un Père.

Je marcherai vers ta lumière,
Et je trouverai la joie.

# Rameaux

Voici que s'ouvrent pour le Roi
Les portes de la ville.
Hosanna ! Seigneur, sois béni !

# Jeudi saint

Merci Jésus, notre Seigneur,
Toi qui t'es fait serviteur.

Merci pour ton corps et ton sang
Offerts lors du dernier repas.

Merci pour l'offrande de ta vie,
Dans l'angoisse de la dernière nuit.

# Vendredi saint

Seigneur, je comprends ton amour pour moi,
Quand je te vois sur la croix.
Tu as le cœur et les mains transpercés
Par tous nos péchés.

Dans ton amour fou, tu pardonnes
À ceux qui te conduisent à la mort.
Au Père, tu remets ton esprit,
Jusqu'au bout, tu offres ta vie.

De la croix va jaillir la vie,
Dans l'espérance, j'attends et je prie.

# Pâques

Alléluia ! Le Christ est ressuscité !
Lui qui était dans le tombeau,
Il est vivant, Alléluia !

Par sa mort, il a détruit la mort !
Par sa Résurrection, il nous donne la vie !

Chantons, crions de joie ! Alléluia !

Sa lumière a resplendi,
Toute la terre renaît à la vie.

Il est vivant, Alléluia !

# Ascension

À toi, Dieu, notre louange !

Jésus Christ, nous t'acclamons,
Tu es notre Seigneur !
Avec ton corps, tu es monté aux cieux.
Par ta Résurrection, tu es plus fort que la mort.

Tu as ouvert à tous les portes du Royaume.
Tu règnes pour toujours à la droite du Père.
Les anges se prosternent devant toi.

Ils te rendent grâce, ils t'adorent et ils chantent :
Saint, Saint, Saint, le Seigneur, Dieu de l'univers !
Le ciel et la terre sont remplis de ta gloire !

Prie pour nous, Seigneur Jésus, protège-nous,
Et conduis-nous un jour, avec tous les saints,
Dans ta joie et dans ta lumière.

(D'après le *Te Deum*)

# Pentecôte

Viens, Esprit Saint, en nos cœurs,
et envoie du haut du ciel
un rayon de ta lumière.

Viens en nous, père des pauvres,
viens, Esprit de sagesse,
et comble-nous de tes dons.

Sois notre repos dans la fatigue,
sois notre fraîcheur dans la maladie,
sois notre réconfort dans les pleurs.

Lave en nous ce qui est sali,
arrose ce qui est sec,
guéris ce qui est blessé.

Assouplis ce qui est raide,
réchauffe ce qui est froid,
rends droit ce qui est tordu.

Viens au plus profond de nos cœurs
y déposer ta douce lumière,
et donne-nous la joie éternelle. Amen.

(D'après le *Viens, Esprit Saint*)

# Assomption

Réjouis-toi, Marie qui es montée au ciel,
Toute illuminée de la gloire de Dieu,
Rayonnante de la résurrection du Seigneur,
Toi qui contemples avec les anges le visage de Dieu,
Réjouis-toi, Marie !

En toi les cieux se réjouissent avec la terre,
Toi la première créature sauvée par le Christ,
Toi qui as accueilli en ta chair
ton enfant et ton Dieu,
Toi la porte qui nous ouvre le ciel,
Réjouis-toi, Marie !

Toi qui as gardé en ton cœur
les Mystères de Dieu,
Toi qui illumines et fortifies notre foi,
Toi notre Mère qui nous conduis vers le Christ,
Toi qui protèges ceux qui se confient à toi,
Réjouis-toi, Marie !

(D'après l'hymne acathiste)

# Toussaint

Sainte Marie,
Mère du Seigneur,
Apprends-nous à accueillir Jésus.

Saint Joseph,
Père attentif de Jésus sur la terre,
Veille sur nous et sur nos familles.

Saints apôtres et martyrs,
Vous avez suivi Jésus jusqu'au bout,
Entraînez-nous à votre suite.

Saints prêtres, moines et religieuses,
Vous avez donné votre vie à Jésus,
Aidez-nous à lui donner notre cœur.

Saints pères et mères de famille,
Vous avez vécu toute chose avec beaucoup d'amour,
Enseignez-nous comment aimer.

Saints anges du ciel,
Vous qui contemplez la gloire de Dieu,
Apprenez-nous à l'adorer.

Saints cachés et inconnus,
Vous qui avez plu au Seigneur
par une vie remplie d'amour,
Aidez-nous à vous ressembler.

# Prières
# pour tous les jours

# Prière du matin

Seigneur, ce matin,
je viens te demander la paix, la sagesse et la force.
Aujourd'hui, je veux regarder le monde
avec des yeux remplis d'amour.
Aide-moi à être patient, compréhensif, doux et sage,
à voir les autres comme tu les vois toi-même.
Que je sois si bon et si joyeux
que tous ceux qui m'approchent sentent ta présence.

(D'après une prière du cardinal Suenens)

# Prière du soir

Seigneur, le jour s'achève.
Je t'offre ma journée
avec tout ce qu'il y a eu de bon et de moins bon.
Pour tout ce que j'ai fait de bien aujourd'hui,
je te remercie.
Pour tout ce que j'ai fait de mal aujourd'hui,
je te demande pardon.
Avec confiance, je me remets entre tes mains.
Garde mon cœur dans la paix.

# Prière à son ange gardien

Ange de Dieu,
toi qui es mon gardien,
puisque le ciel m'a confié à toi dans sa bonté,
éclaire-moi, protège-moi,
guide-moi et dirige-moi aujourd'hui.

# Prière à son saint patron

Saint .........,
choisi à mon baptême
pour être mon saint patron,
prie pour moi.
Je veux te ressembler.
Aide-moi à rester fidèle à Dieu,
et donne-moi le désir de la sainteté.

# Bénédicités

Bénissez-nous, Seigneur,
bénissez ce repas et tous ceux qui l'ont préparé,
donnez du pain et de la joie à ceux qui n'en ont pas.

Nos cinq pains et nos deux poissons,
Seigneur, nous te les offrons.
Multiplie-les pour la faim des hommes,
et qu'ensemble nous chantions ton nom.

Ô Dieu, vous qui donnez pâture aux tout petits oiseaux,
bénissez notre nourriture et purifiez notre eau.

# Grâces

Que le nom du Seigneur soit béni,
dès maintenant et à jamais.

Rendez grâce au Seigneur car il est bon,
éternel est son amour.

Bénis le Seigneur, ô mon âme,
du fond de mon être son saint nom.
Bénis le Seigneur, ô mon âme,
et n'oublie aucun de ses bienfaits.

# Cris jaillis du cœur

À tout moment de la journée,
tu peux adresser à Dieu de courtes prières,
qui sont comme des cris du cœur.

« Me voici, Seigneur. »

« Seigneur, je t'ouvre mon cœur. »

« Jésus, je t'aime et je t'adore. »

« Jésus, j'ai confiance en toi. »

« Béni sois-tu, Seigneur. »

« Jésus, doux et humble de cœur,
rends mon cœur semblable au tien. »

« Crée en moi un cœur pur, ô mon Dieu. »

« Seigneur, ouvre mes lèvres,
et ma bouche dira ta louange. »

« Dieu, viens à mon aide.
Seigneur, viens à mon secours. »

« Gloire au Père, et au Fils
et au Saint-Esprit,
pour les siècles des siècles.
Amen. »

# Psaume de louange

Je t'exalte, mon Dieu, mon Roi,
je bénis ton nom toujours et à jamais !
Chaque jour je te bénirai,
je louerai ton nom toujours et à jamais.

Le Seigneur est tendresse et pitié,
lent à la colère et plein d'amour ;
le Seigneur est bon avec tous les hommes,
sa tendresse est pour toute la terre.

Oui, Seigneur, je veux te rendre grâce.
Que toute la terre te bénisse !

Le Seigneur est vrai en tout ce qu'il dit,
il est fidèle en tout ce qu'il fait.
Le Seigneur soutient tous ceux qui tombent.
Il est proche de tous ceux qui l'appellent.

Que ma bouche proclame ta louange, Seigneur !
Et que toute la création te bénisse !

(Psaume 144)

# Psaume de confiance

Le Seigneur est mon berger :
je ne manque de rien.
Sur des prés d'herbe fraîche,
il me fait reposer.

Il me mène vers les eaux tranquilles
et me fait revivre.
Il me conduit par le juste chemin,
lui, le bon berger.

Si je traverse les ravins de la mort,
je ne crains aucun mal,
car tu es avec moi :
ta main me guide et me rassure.

Tu as dressé une table pour moi,
et ma coupe déborde.

Grâce et bonheur m'accompagnent
tous les jours de ma vie.
J'habiterai dans la maison du Seigneur
maintenant et toujours.

(Psaume 22)

# Psaume dans la détresse

Seigneur, je t'en prie, sauve-moi.
Mon Dieu, entends ma prière.
Les difficultés et la peine m'envahissent.

Mais toi, mon Dieu, tu viens à mon aide,
Seigneur, toi seul es mon appui.

De tout mon cœur, je te rends grâce,
car tu es bon pour moi !
Merci, Seigneur,
car tu m'as délivré de mon angoisse.

(D'après le psaume 53)

# Prière de saint François d'Assise

Seigneur, fais de moi un instrument de ta paix.

Là où est la haine, que je mette l'amour.
Là où est l'offense, que je mette le pardon.
Là où est la discorde, que je mette l'union.
Là où est l'erreur, que je mette la vérité.
Là où est le doute, que je mette la foi.
Là où est le désespoir, que je mette l'espérance.
Là où sont les ténèbres, que je mette la lumière.
Là où est la tristesse, que je mette la joie.

Ô Seigneur, que je ne cherche pas tant
à être consolé qu'à consoler,
à être compris qu'à comprendre,
à être aimé qu'à aimer.
Car c'est en se donnant qu'on reçoit,
c'est en s'oubliant qu'on se retrouve,
c'est en pardonnant qu'on est pardonné,
c'est en mourant qu'on ressuscite à la vie éternelle.

# Prière de Charles de Foucauld

Mon Père, je m'abandonne à toi,
fais de moi ce qu'il te plaira.
Quoi que tu fasses de moi, je te remercie.
Je suis prêt à tout, j'accepte tout.
Pourvu que ta volonté se fasse en moi,
et en toutes tes créatures,
je ne désire rien d'autre, mon Dieu.
Je remets mon âme entre tes mains.
Je te la donne, mon Dieu,
avec tout l'amour de mon cœur,
parce que je t'aime,
et que ce m'est un besoin d'amour de me donner,
de me remettre entre tes mains sans mesure,
avec une infinie confiance,
car tu es mon Père.

# Prière à la Sainte Famille

Sainte Famille de Nazareth,
où Jésus a voulu naître et grandir,
nous nous confions à ta protection.

Marie, Mère de tendresse,
écoute la prière de tes enfants.
Avec confiance, nous venons te présenter
nos joies, nos peines,
et toutes les intentions
que nous portons dans notre cœur.

Saint Joseph, homme juste,
père de Jésus sur la terre,
garde notre famille
dans l'amour de Jésus et de Marie,
et aide-nous à faire joyeusement
la volonté du Père.

# Prière à saint Joseph

Bon saint Joseph,
chef de la Sainte Famille de Nazareth
dont tu as toujours pris soin avec amour,
je te confie mon papa et ses soucis.
Occupe-toi de toutes ses affaires
matérielles et spirituelles,
et fais que tout se passe
pour la gloire de Dieu
et le salut de nos âmes.

# Prières pour aimer Jésus

# Prière avant la communion

Mon Dieu, je crois en toi.
Dans cette hostie, Jésus,
je sais que tu es là.

Tu te donnes à moi.
Je veux te recevoir,
mon âme a soif de toi.

Tu es mon Sauveur,
Jésus, voici mon cœur.
Viens en faire ta demeure.

# Prière après la communion

Jésus, merci !
Humblement, dans cette hostie,
tu es là, au creux de moi.

Demeure en moi,
mon Dieu, mon Roi.
Que ton amour rayonne en moi
et me fasse aimer comme toi
tous ceux qui sont autour de moi.

De tout mon cœur,
Jésus, je t'aime !
Seigneur Jésus,
tu es ma joie.

# Prière d'adoration

Je t'adore et je t'aime, ô Dieu caché,
réellement présent dans cette hostie.
Je te donne tout mon cœur.
Inonde-moi de ta vie, ô Dieu très doux.

Seigneur Jésus, plein de bonté,
toi qui es là, devant moi,
j'espère en toi de tout mon cœur,
car c'est toi, Jésus, mon bonheur.

(D'après saint Thomas d'Aquin)

# Consécration au Cœur de Jésus

Cœur de Jésus, je me consacre à toi.
Je te donne ma personne et ma vie,
mon corps et mon âme,
mon intelligence et ma volonté,
mes joies et mes peines,
mon passé et mon avenir,
toute cette journée.
Que ma vie tout entière serve à t'aimer.

Cœur de Jésus brûlant d'amour,
j'ai confiance en toi.
Sauve-moi, fortifie-moi.
Sois la source de ma joie.
Que jamais je ne t'oublie,
et que mon nom soit écrit pour toujours
dans ton Cœur.

# Prière à Notre-Dame du sacerdoce

Vierge Marie,
Mère du Christ-Prêtre,
Mère des prêtres du monde entier,
vous aimez tout particulièrement les prêtres,
parce qu'ils sont les images vivantes
de votre Fils unique.

Vous avez aidé Jésus par toute votre vie terrestre,
et vous l'aidez encore dans le ciel.
Nous vous en supplions, priez pour les prêtres.
Priez le Père des cieux
pour qu'il envoie des ouvriers à sa moisson.

Priez pour que nous ayons toujours des prêtres,
qui nous donnent les sacrements,
nous expliquent l'Évangile du Christ,
et nous enseignent à devenir
de vrais enfants de Dieu.

Vierge Marie, demandez vous-même à Dieu le Père
les prêtres dont nous avons tant besoin.
Et puisque votre Cœur a tout pouvoir sur lui,
obtenez-nous, ô Marie,
des prêtres qui soient des saints.

Achevé d'imprimer en février 2013 par Cayfosa en Espagne
Gravure : AQuatre
N° d'édition : 15084-2
Dépôt légal : mars 2013